自力で石家荘

バスに揺られて

Tabisuru CHINA 002
鉄道と路線バスでゆく
石家荘と古都正定

自力旅游中国

Asia City Guide Production

【白地図】華北と石家荘

CHINA
石家荘

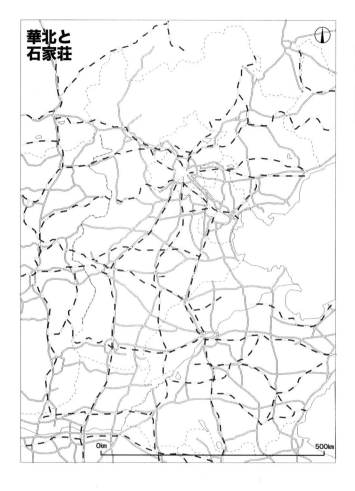

【白地図】北京市街

CHINA
石家荘

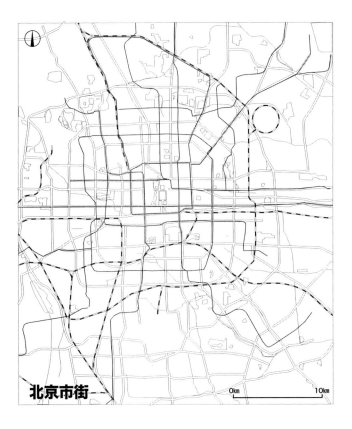

北京市街

Shijiazhuang 白地図

CHINA
石家荘

【白地図】北京西駅

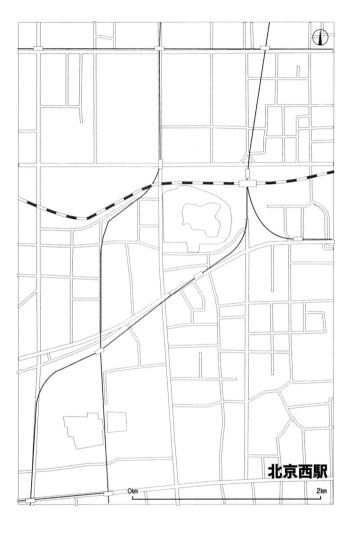

Shijiazhuang 白地図

北京西駅
0km 2km

【白地図】石家荘9大エリア

CHINA
石家荘

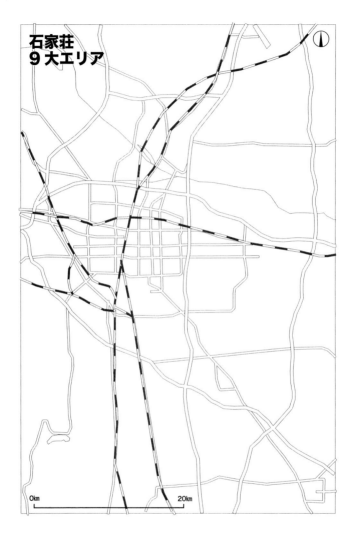

【白地図】石家荘中心部

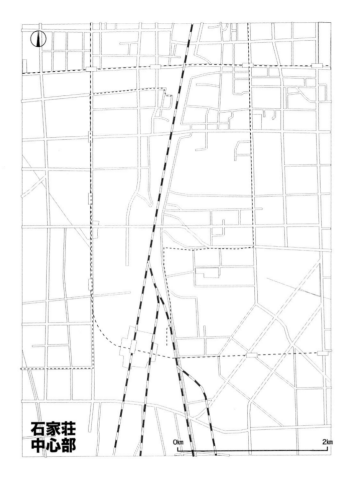

【白地図】石家荘旧市街

CHINA
石家荘

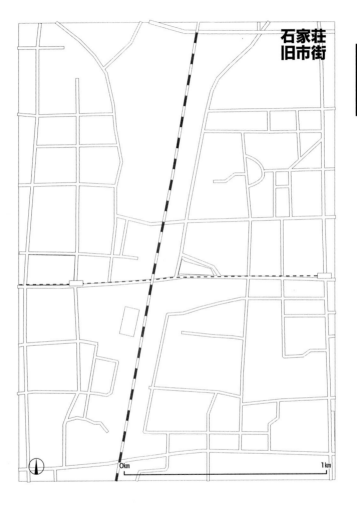

【白地図】河北省博物館

CHINA
石家荘

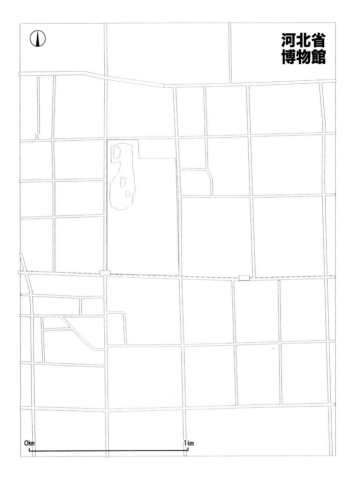

河北省博物館

Shijiazhuang

白地図

【白地図】世紀広場

CHINA
石家荘

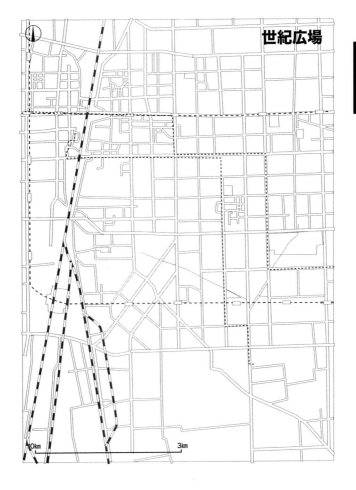

世紀広場 Shijiazhuang 白地図

【白地図】石家荘から正定

CHINA
石家荘

石家荘
から正定

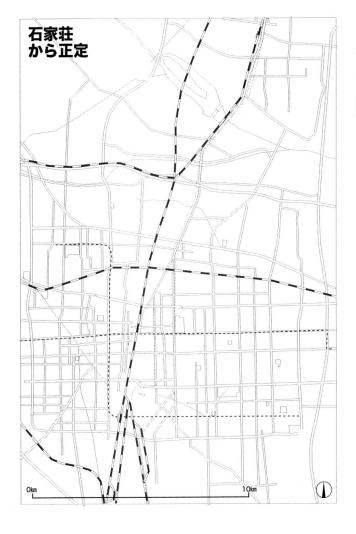

Shijiazhuang 白地図

【白地図】正定

CHINA
石家荘

正定

Shijiazhuang 白地図

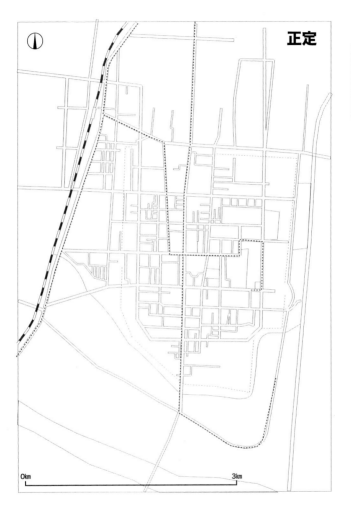

【白地図】正定中心部

CHINA
石家荘

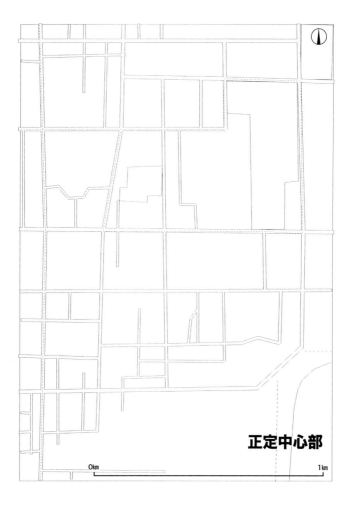

Shijiazhuang 白地図

正定中心部

【白地図】石家荘南焦汽車站

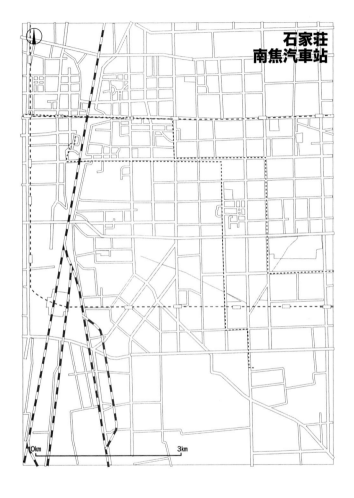

**石家荘
南焦汽車站**

Shijiazhuang

白地図

【白地図】石家荘から趙県

CHINA
石家荘

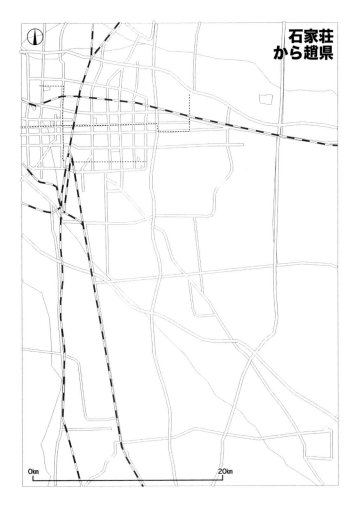

【白地図】趙県

CHINA
石家荘

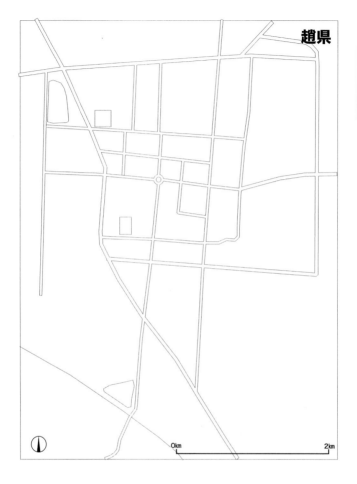

【旅するチャイナ】
001 バスに揺られて「自力で長城」
002 バスに揺られて「自力で石家荘」
003 バスに揺られて「自力で承徳」
004 船に揺られて「自力で普陀山」
005 バスに揺られて「自力で天台山」
006 バスに揺られて「自力で秦皇島」
007 バスに揺られて「自力で張家口」
008 バスに揺られて「自力で邯鄲」
009 バスに揺られて「自力で保定」
010 バスに揺られて「自力で清東陵」

CHINA
石家荘

明清時代に皇帝が暮らした「北京（中国の首都）」、唐朝発祥の地である「太原（山西省省都）」、殷代の都があった「鄭州（河南省省都）」。これら華北の街々にくらべて、河北省省都の石家荘はそれほどの歴史をもつわけではありません。

20世紀初頭の1901年、石家荘はわずか500人ほどが住むばかりだった寒村で、そこから50年で人口27万人を超す大都市へと成長をとげたのです。近代になって鉄道がしかれ、ふたつの主要な鉄道が交差することになったから。これが石

バスに揺られて
自力で石家荘
Tabisuru CHINA 002

家荘が大都市へと成長をとげた一番の理由です。

けれども、時代をさかのぼっていくと、石家荘のすぐそばの「正定」という古都が浮かびあがってきます。「元代、北京に準ずるにぎわいを見せていた」「清初、保定以前に直隷巡撫がこの地に赴任していた」などなどです。シンガポールの繁栄はマラッカ（海峡）のそれを受け継いだと言われるように、石家荘が省都として繁栄するためにはその地の利があったと言うのです。それでは石家荘、そして古都正定への旅路をご案内いたしましょう。

【自力旅游中国】

Tabisuru CHINA 002 自力で石家荘

目次

自力で石家荘	xxx
石家荘どんなとこ？	xxxiv
石家荘までのアクセス	xliii
ざっくり石家荘を把握	liv
歩いてみよう石家荘	lxviii
見どころいっぱいの正定	lxxxiv
正定行ってみよう	c
趙州行ってみよう	cxx
石家荘見て食べたもの	cxxxiii
あとがき	cxxxviii

CHINA
石家荘

【MEMO】

Shijiazhuang

自力で石家荘

石家荘
どんな
とこ？

石家荘

河北省の省都だけど
どんな場所か想像つきづらい
かもしれない石家荘、こんなところです

華北にある河北の省都

石家荘は華北平原に位置する、河北省の省都です。石家荘を語るにあたって、よく「華北」と「河北」という文言が併用して使われますので、まずこのふたつの言葉を整理したいと思います。華北とは「中華（中国）の北部」を意味し、北京、天津、山東省、山西省、河南省、陝西省などきわめて広いエリアをさします。そして石家荘を省都とする河北省も、「華北地方の一部」となっています。一方で河北省の「河北」とはもともと「黄河の北側（河の北）」を意味し、現在、「河北」と言えば、石家荘を省都とする「河北省」のことをさします。

石家荘どんなとこ?
Shijiazhuang

河北って・・・

ところで「河北」という言葉は長安に都があった隋唐以前から使われていたものですが、13世紀以来、元・明・清という3つの王朝の都が北京におかれ、この地方は新たな性格をもつようになります。それは北京に坐する皇帝の都の「近畿」地方というものです。日本の近畿地方が「京都の近畿(都に近い)」であると同様の性格です。明清時代の河北省は、皇帝のお膝元という意味で「直隷」や「直隷省」と呼ばれました。北京をぐるりと囲む「直隷省(河北省)」は、清朝滅亡(皇帝がいなくなった)後に「河北省」という名前になりました。

CHINA
石家荘

　もしも、河北省と聞いてイメージのわきづらいかたがいらっしゃるなら、「北京をぐるりと囲む地形」なのに、「黄河の北（河北）」という名前なのが、その要因かもしれません。

河北省は多様の一言

清朝離宮のある華麗な「承徳」、遊牧民世界への入口の「張家口」、秦の始皇帝が不老不死を求めたという「秦皇島」、中原に鹿を追う華の都「邯鄲」と河北省の代表的な都市をあげてみると、それぞれにきわめて強い特徴があり、しかもその性格はてんでバラバラなことに気がつきます。黄河にのぞむ

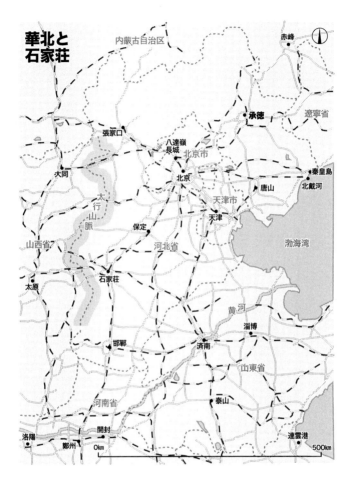

Shijiazhuang | 石家荘どんなとこ?

CHINA
石家荘

河北省南部と、万里の長城外の河北省北部では人びとの暮らしぶりや、習慣がまるで異なるのでしょう。海あり、山あり、河あり、平原あり、のあらゆる魅力がつまっているのが河北省だとも言えます。

言わば20世紀初頭版深圳

さて、こうした河北省の省都が石家荘です。前述のとおり、石家荘は20世紀初頭まで華北平原にある農村で、それは石家荘という名前にも残っています。中国では村や集落を「荘」と呼び、「石家の集落」と読める石家荘と、「北の都（京）」

石家荘どんなとこ？

▲左　石家荘のランドマーク、高さ242mの開元環球中心。　▲右　屋台で食べる食事もおいしい

という名前をもつ北京では、そもそもの性格が異なる印象を受けます。ところで「中国の一般的な街は1000年かけて都市化（近代化）した」、けれども「上海は100年で都市化した」といった言いかたがあります。こうしたなか、香港と隣接する「深圳はたった30年で（農村から）都市化した」とも言われます。1978年の改革開放の流れを受けて成長した深圳に、もっとも近い性格をもつのが石家荘なのでは？？　そう思いました。

CHINA
石家荘

都市化のエンジンは何？？

深圳の発展には、「香港」に隣接した場所で、「資本主義の要素」をとり入れる、という成長エンジンがありました。一方、石家荘は1500年のあいだ中国経済の大動脈であった京杭大運河に替わる「京漢鉄道」と、近代化、工業化に必須の石炭など鉱物を運搬する「正太鉄道」が交差するということが成長エンジンになったようです。1901年に500人だった人口が、1949年には27万8000人。石家荘の都市への成長は、上海や天津にくらべても急速で、20世紀初頭という時代を考えると、深圳以上の衝撃だったのかもしれません。

▲左　荷物を載せたトラックが砂煙をまきあげながら走る。　▲右　新しく建てられた公共施設も多い、河北省図書館にて

観光地は郊外に集中

上記のような事情から、石家荘の街自体には有名なお寺であったり、歴史的遺構のようなものはあまり見あたりません。19世紀以前には街そのものがなかったことを考えると、いたしかたないことでしょう。しかし、冒頭にふれた通り、石家荘郊外（石家荘北東15km）には正定という華北を代表する古都があり、隋唐から続く仏教寺院や仏塔など、旅行者のつぼをつく見どころ満載の観光地となっています。また正定から洛陽（中原）方面への街道を通って次の大きな街だった趙県（石家荘南東40km）も同様です。「世界を代表する石橋」

CHINA
石家荘

と断言できる趙州橋が残っています。そのため、石家荘を旅行するなら、石家荘市街部だけではなく、このふたつの古都もまわってみましょう。巨大な街区でともすれば無機質な石家荘とはまるで異なる表情の街並みが見られるはずです。

石家荘までのアクセス

北京から、太原から、鄭州から、石家荘へ
高鉄（中国版新幹線）に乗れば
北京からわずか1時間半ほどで石家荘です

［アクセス情報］北京から石家荘へ

・高鉄（中国版新幹線）で、北京西駅から頻発の石家荘。所要1時間半程度
・普通の鉄道で、北京駅か北京西駅から石家荘。所要3～4時間程度
・六裏橋長途汽車站か麗沢橋長途汽車站から中距離バスで石家荘。所要4～5時間程度

［アクセス情報］太原から石家荘へ

・鉄道で太原駅か太原南駅から、石家荘北（もしくは石家荘）

石家荘

へ。所要2〜3時間程度
・太原長途汽車客運站から石家荘客運北站へ。所要4時間程度

［アクセス情報］鄭州から石家荘へ

・高鉄で鄭州駅か鄭州東駅から石家荘。所要1時間半〜2時間程度
・鉄道で鄭州から石家荘。所要4時間〜5時間程度
・バスで鄭州長途汽車中心站から石家荘

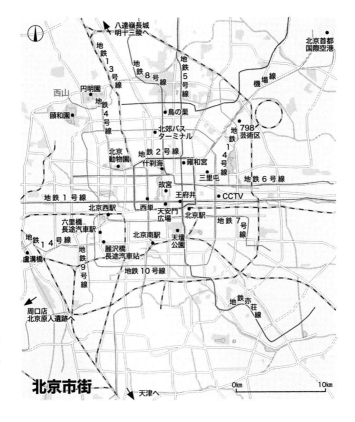

石家荘までのアクセス

【MEMO】

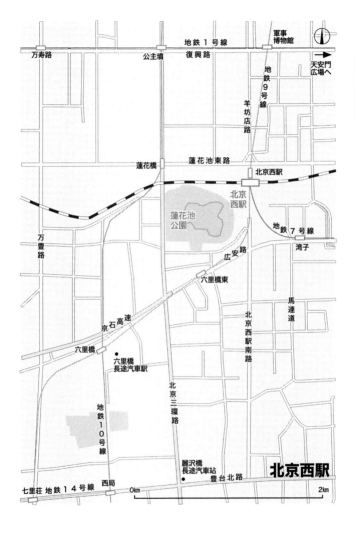

石家荘までのアクセス

石家荘

[アクセス情報] 済南から石家荘へ
・鉄道で済南から石家荘北。1日数本所要5〜6時間
・バスで済南長途汽車総站から石家荘。所要4時間半〜5時間半程度

[アクセス情報] 空路で石家荘に着いた場合
・石家荘正定国際空港は石家荘の北東30㎞に位置する
・空港から石家荘市街へはエアポートバス2路(机場巴士2路)が出ている

Shijiazhuang 石家荘までのアクセス

今回の旅程

ここで実際に調査した旅程を記します。河北省南部の邯鄲からバスで石家荘へ。石家荘では路線バスとタクシーを利用して正定、また中距離バスとヒッチハイクを駆使して趙県を周遊。石家荘から鉄道に乗って保定へと向かいました。そのため、今回のレポートでは、1，実際に路線バスに乗って旅した情報、2，駅やバス停で調べた情報、3，公式ホームページなどでとれる伝聞情報の3つから構成されます。実際、石家荘市街部はとてつもなく広大。一方、古都正定は街歩きを楽しめる規模。そんなことをふまえると、街歩き＋路線バ

CHINA
石家荘

ス＋タクシーを上手に組み合わせることで、より安く、効率的な旅行ができることでしょう。

【MEMO】

我想坐高铁去石家庄

[見せる中国語]

wǒ xiǎng zuò gāo tiě
qù shí jiā zhuāng

ウォシィアンズゥオ・ガオティエ・チュウ・シイジィアチュゥアン

私は「中国版新幹線（高鉄）」で石家荘に行きたい

我想去
石家庄

[見せる中国語]
wǒ xiǎng qù shí jiā zhuāng
ウォシィアンチュウ
シイジィアチュゥアン
私は石家荘に行きたい

ざっくり
石家荘
を把握

街の中心を鉄道が南北に走る石家荘

市街はその東西に発展しています

そしてかなり広大です

石家荘の構成

ざっくり石家荘の街を把握してみましょう。石家荘は京漢鉄道と正太鉄道という、南北と東西のふたつが交差することで発展がはじまりました。街は石家荘駅を中心に広がっていったのですが、現在の石家荘駅と当時の石家荘駅は場所が違います。2012年以前の石家荘駅は石家荘旧駅となり、現在は解放広場の名前で知られます。そのため、石家荘の繁華街は、昔の石家荘旧駅（解放広場）近くにあり、そこから石家荘駅は南に少し離れています。また石家荘は東西と南北に整然とした碁盤の目状の街区をもち、横を「〜路（たとえば中山東

Shijiazhuang ざっくり石家荘を把握

路)」、縦を「〜街（たとえば中華南大街)」が走っています。そして、石家荘旧駅を基点に東を「〜東路（たとえば裕華東路)」、西を「〜西路」と呼びます。また「中山路（中山東路・中山西路)」よりも北を「北大街」、南を「南大街」と呼びます。そのため、とてもわかりやすい街区となっているのです。

CHINA
石家荘

石家荘9大エリア

石家荘に来たなら、ぜひとも抑えておきたい9大エリアを紹介しましょう。まず第1に北京からの鉄道が停車する「石家荘駅」、第2に街歩きの起点になりバスターミナルもある「解放広場（石家荘旧駅）」、第3に博物館など公共施設も集まる「人民広場(河北省博物館)」、第4に大型店舗などがならぶ「中山広場」、第5に石家荘電視塔の立つ「世紀公園」、第6に見どころ満載の「正定」、第7に趙州へのバスが出ている「石家荘南焦汽車站」、第8が「趙県（趙州橋）」、第9が「石家荘北駅」です。以上9つが、石家荘9大エリアとなります。

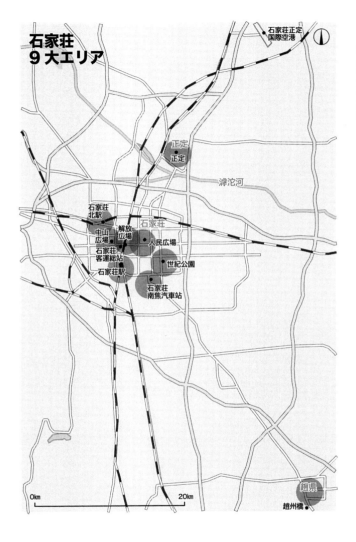

石家荘 9大エリア

ざっくり石家荘を把握

石家荘

まずは解放広場へ行ってみよう

鉄道で石家荘に着いたら、まずは解放広場に行ってみましょう。ここが石家荘のへそにあたる中心地です。ホテルやレストランも集まっていますので、解放広場から石家荘の街歩きをはじめるとよいと思います。鉄道駅東側の「火車站（東広場）」から路線バス148路で「平安中山路口」。そこから解放広場まで、徒歩で1500m、19分。もしくは鉄道駅西側の「火車站西」から路線バス319路か339路で終点の「解放広場」になります。

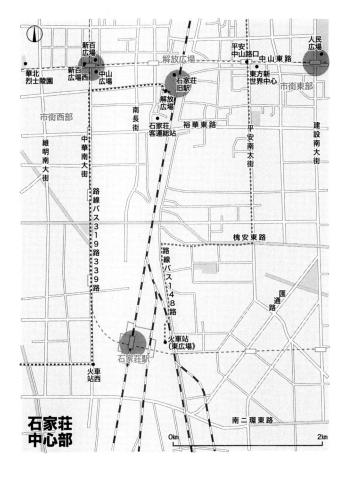

石家荘

[DATA] 路線バス 148 路

・朝 6 時～夜 21 時

・2 元

・【火車站（東広場)】～東三教新村～普安路西口～彭村～元村～新範村～東風路小学～平安槐中路口～南八一～平安公園～平安四中路口～【平安中山路口】～～～～～正定国際物流園

[DATA] 路線バス 319 路（339 路も同じ）

・朝 6 時半～夜 19 時半

・1 元

▲左　地元の人でにぎわう永安歩行街。　▲右　長安公園（人民広場）は人びとの憩いの場所

・南張荘〜〜〜〜〜【火車站西】〜供電局〜西三教東〜愛爾眼科医院〜保竜倉購物広場〜万象天成西〜省建行〜【解放広場】

ちなみに

中山東路〜中山西路という石家荘大動脈を走るのが路線バス1路です。「新百広場西（中山広場）」「紀念碑（解放広場）」「人民広場」「省博物館」を結ぶ大動脈ですので、憶えておいて損はなさそうです。同様に路線バス5路が「石家荘北駅」と解放広場方面（「平安中山路口」）を結ぶ路線バスとなります。

石家荘

[DATA] 路線バス1路

・朝5時～夜23時

・1元

・西王～裕西公園～陸院東門～時光街北口～八一站～軍医学院～和平医院～西裏～烈士陵園～維明中山路口～【新百広場西】～新百広場（東）（習三内画博物館）～【紀念碑】～南三条～平安中山路口～北国商城～【人民広場】～【省博物館】～市報社（先天下広場）～河北医大～省中医院～建華百貨大楼～省民航～談固

・中山西路と中山東路を東西に走る

Shijiazhuang｜ざっくり石家荘を把握

［DATA］路線バス 5 路

・朝 5 時半〜夜 22 時

・1 元

・北焦〜【北站】〜省医院〜寧北街北口〜中華和平路口〜省二院〜和平家園〜軍械学院〜自由港〜平安和平路口〜棉五小区〜省四院〜【北国商城】〜【人民広場】〜【省博物館】〜〜〜〜〜談固

・石家荘北駅（北站）と石家荘中心部を結ぶ

我想去解放广场

[見せる中国語]
wǒ xiǎng qù jiě fàng guǎng chǎng
ウォシィアンチュウ
ジエファングゥアンチャァアン
私は解放広場に行きたい

我想去省博物馆

[見せる中国語]
wǒ xiǎng qù hé běi shěng bó wù guǎn ウォシィアンチュウ
ハァベイシェンボオウウグゥアン
私は河北省博物館に行きたい

我想去电视塔

[見せる中国語]
wǒ xiǎng qù shí jiā zhuāng diàn shì tǎ
ウォシィアンチュウ
シイジィアチュゥアンディエンシイタア
私は石家荘電視塔に行きたい

我想去
火车站

[見せる中国語]
wǒ xiǎng qù huǒ chē zhàn
ウォシィアンチュウ
フゥオチャアヂャン
私は石家荘鉄道駅に行きたい

歩いてみよう石家荘

歩くのにとても疲れる石家荘
そんななかでも街歩きに適したポイントを
厳選して紹介します

歩こう石家荘

石家荘は街区規模が大きいし、道幅も広い。なので、街歩きにはあまり適していないところだと思ったものです。けれどもそのなかでも、「街を歩くならココ」というエリアをご紹介します。ずばり解放広場近くの石家荘旧市街です。かつての石家荘駅があったこのあたりは、石家荘黎明期の雰囲気を残す街並みが少し残っているのです。まず大石橋、清真寺界隈です。このあたりは石家荘ができたばかりの石家荘の中心地だったようです。中国共産党関連のモニュメントも立っています。第2に大経街から中山東路をはさんだ南三条市場界

歩いてみよう石家荘 Shijiazhuang

隈です。このあたりには戦前、日本人が多く暮らしたという記録も残っています。そして何より、大経街界隈は夜、屋台がずらりとならびますので、ぜひとも一度は足を運んでみたいエリアです。第3に永安歩行街です。こちらは観光客はほぼ見あたりません。地元の中国人ばかりです。けれども、ゴミゴミとした味わいある街並みが残っています。これらはいずれも解放広場（石家荘旧駅）から歩ける距離にあります。そのため、ホテルに宿泊するならこの界隈をおすすめしたいと思います。

石家荘

河北省博物館行ってみる？？

これと言った見どころのあまりない石家荘市街部ですが、そのなかでも河北省博物館が見どころとして紹介されることが多いようです。博物館大好きな旅人は別に、「博物館は見どころ？」と思う旅人もいらっしゃることでしょう。でも、一応、河北省博物館へ行ってみましょう。なぜなら、河北省博物館あたりは「石家荘が河北省省都であることを感じられるもの」がいくつもあるからです。解放広場から河北省博物館までの距離は3000m、中山東路を通ってざっと徒歩で38分ほどです。ここは歩いてみても悪くはないと思います。

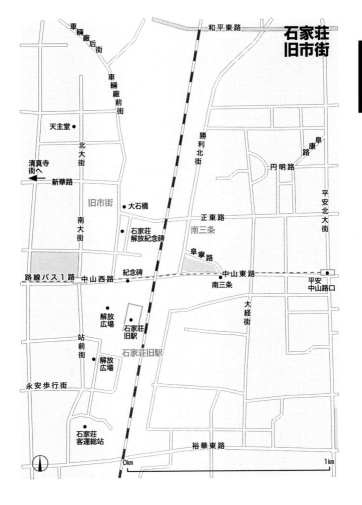

石家荘

[DATA] 河北省博物館 河北省博物馆
hé běi shěng bó wù guǎn ハァベイシェンボオウウグゥアン

・開館時間、朝9時～夕方17時

・月曜日休み

・無料

河北省博物館界隈の中山東路の見どころ

第1、中山東路に立つ大型ショッピングモール。中国では路面店よりもショッピングモールのなかに有名レストランなどが入る傾向があります。そのため、お腹が空いたら、ショッ

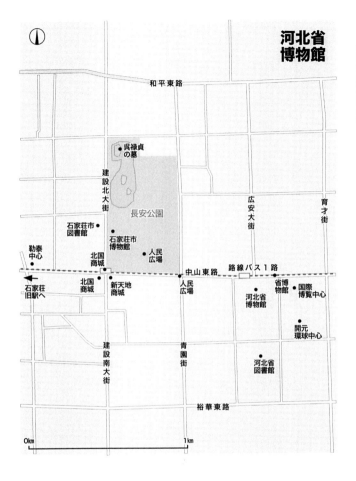

CHINA
石家荘

ピングモールのなかのレストランに行けば、そこまで外れはありません。東方新世界中心、勒泰中心、北国商城、新天地商城などがずらりとならんでいます。第2、人民広場。長安公園という広大な一角に人民広場が位置します。毛沢東像も立っていて、人びとの憩いの場所になっているようです。第3、地下街。石家荘の街区は広大ですので、通りを渡るには地下の階段を利用します。そして、地下街には露店などが出て、結構、ワイガヤして楽しめるのでした。第4、開元環球中心などの現代建築。河北省博物館に隣接して立つ開元環球中心は高さ242m。あたりには河北省図書館や国際博覧中心

▲左　街は曇っていることも多い。　▲右　見応えのある河北省博物館

といった大型施設も集まります。さすが河北省省都という感じでしょうか？　もちろん河北省博物館の展示物自体もすばらしいものですが、河北省博物館あたりにはこうした見どころも多いのです。

実はおすすめなのが石家荘電視塔

石家荘に行くまで、こんなすごい建物があるとは知らなかったのですが、行ってみて、見てみて、「すごい！！」と思ったのが石家荘電視塔です。高さ280mだそうです。「上海の東方明珠塔？？」と見間違うほど、少しデザインは似ていま

CHINA
石家荘

す。東方明珠塔をメカニックにした感じです。この石家荘電視塔は市街部から、やや南東に離れた世紀公園に位置します。解放広場近くの「紀念碑」や中山東路から路線バス6路で「世紀公園」ひとつ手前の「市広電中心」下車です。ものすごい威容で遠くからも見えますので、場所はすぐにわかると思います。ちなみにこの石家荘電視塔を「発見」したのは、趙州行きのバスが出る「石家荘南焦汽車站」へ行く途中のことでした。市街東部や南東部に石家荘新市街が形成されているのですね。

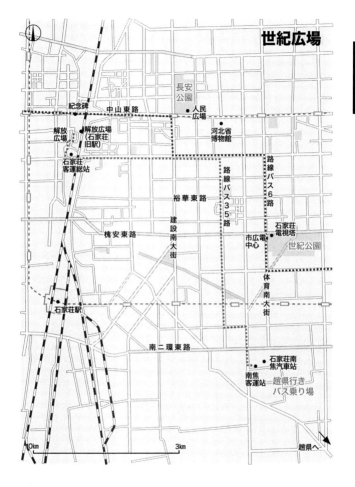

[DATA] 石家荘電視塔 石家庄电视塔 shí jiā zhuāng diàn shì tǎ シイジィアチュゥアンディエンシイタア

・朝8時半〜夜20時半

[DATA] 路線バス6路

・朝4時50分〜夜23時

・1元

・省三院〜維明中山路口〜【新百広場(西)】〜新百広場(東)(習三内画博物館)〜【紀念碑】〜南三条〜平安中山路口〜北国商城〜市城管委〜河北大戯院〜河北報社〜科技大厦〜育

Shijiazhuang 歩いてみよう石家荘

才裕華路口〜体育槐北路口〜省地震局（省電力研究院）〜省糧食局〜【市広電中心】〜世紀公園〜〜〜〜〜医大一院

我想去正定

[見せる中国語]
wǒ xiǎng qù zhèng dìng
ウォシィアンチュウ
チェンディン
私は正定に行きたい

我想去正定县政府

[見せる中国語]
wǒ xiǎng qù zhèng dìng xiàn zhèng fǔ
ウォシィアンチュウチェンディンシィエンチェンフウ
私は正定県政府に行きたい

我想去大佛寺

[見せる中国語]
wǒ xiǎng qù dà fó sì
ウォシィアンチュウ
ダアフォオスウ
私は大仏寺（隆興寺）に行きたい

我想去正定小商品市场

[見せる中国語]
wǒ xiǎng qù zhèng dìng
xiǎo shāng pǐn shì chǎng
ウォシィアンチュウ・チェンディン
シャオシャンピンシイチャァアン
私は正定小商品市場に行きたい

見どころいっぱいの正定

CHINA
石家荘

石家荘の見どころ＝正定とも言えます
石家荘以前の石家荘の姿でもあり
観光や街歩きが楽しめる街

正定は必見

石家荘って見どころある？　という質問に「ものすごくたくさんあります、正定に」とお答えできます。まずはこの正定がどのような街なのかを記したいと思います。そもそも都市が発展するには、発展する理由があり、正定（石家荘）は太行山脈を越える峠「井陘」に続く地の利をもっています。太行山脈は河北省と山西省をわける南北の山脈で、この山脈には8つの有名な峠があって、「井陘」はその第1のものだというのです。そして、「井陘」の先には、山西省の省都にして、古都の太原。とすると太行山脈の西（山西）と東（山東）を

見どころいっぱいの正定 Shijiazhuang

結ぶにあたって、西の太原に対応するように、峠「井陘」の東側に、重要な都市が形成されるのは必然と言えるかもしれません。ちなみに正定は北京、保定とともに北方三雄鎮にも呼ばれたようですが、北京に都があった元、明、清代は、北京から中原へのぞむ要衝となり、大いに繁栄していたようです。

仏塔だらけの寺院都市

正定何がすごい？　という質問には「いろんなタイプの仏塔が見られる」とお答えしたいと思います。正定は城壁に囲ま

CHINA
石家荘

れた伝統都市であるため、そんなに広くはありませんが、仏塔がいくつもそびえ、立体感のある街となっています。それも、西安の小雁塔風の「開元寺磚塔(唐代の様式)」、なかは木造様式で外側を磚でおおった「天寧寺凌霄塔」、各層の軒の密にした密檐式塔の「臨済寺澄霊塔(遼金の様式)」、ネパールのストゥーパのような円錐型の「広恵寺華塔」など、様式の異なる仏塔がオンパレードなのです。高さ数十メートルの仏塔は見応えもあります。こんなに濃い密度でさまざまな仏塔が残る街はめずらしいと言えるでしょう。

▲左 三国志の英雄をまつる趙雲廟。 ▲右 隆興寺の「大仏」こと千手観音

なんでこんなに寺院が残っているの？？

ではなぜブッダの舎利をおさめる仏教の仏塔が、正定にはこんなに残っているのでしょう？ 一般的に、中国ではいくども廃仏があり、それゆえ中国仏教の伝統は中断していると言われます。「三武一宗の法難」はいずれも華北を舞台に起こっていますし、唐の都長安（西安）からそれほど遠くない正定ではなおさら、と思いかねません。そんな正定に仏教文化が残っているのは、実は安禄山による「安史の乱(755～763年)」と関係しています。

石家荘

河朔三鎮って？？

玄宗皇帝と楊貴妃のロマンスまっただなかの唐代です。安史の乱で反旗をひるがした安禄山は、ソグド系突厥（トルコ人）で、安史の乱は鎮圧されるものの、河北では安史軍の将軍たちが節度使としてポジションをあたえられることを条件に唐に帰順したのです。これらの節度使を河朔三鎮と呼びます。河朔三鎮では互いに通婚し、唐への税はおさめず、それぞれが独立国のような態度をたもち続けていました。そして、この支配者たちが仏教を篤く保護したのです。新興勢力の節度使が仏教を借りて、唐朝に対抗したとも見ることができるよ

見どころいっぱいの正定

Shijiazhuang

うです。そのため、正定には豊かな仏教文化が今でも残ることになり、河朔三鎮の時代、滹沱河に臨んで小院を結んだのが中国臨済宗の祖、臨済義玄でした。臨済宗とは、「(正定の)滹沱河に臨む」を意味するのだそうです。

我想去
隆兴寺

[見せる中国語]
wǒ xiǎng qù lóng xìng sì
ウォシィアンチュウ
ロォンシィンスウ
私は隆興寺に行きたい

我想去赵云庙

[見せる中国語]
wǒ xiǎng qù zhào yún miào
ウォシィアンチュウ
チャオユゥンミャオ
私は趙雲廟に行きたい

我想去荣国府

[見せる中国語]
wǒ xiǎng qù róng guó fǔ
ウォシィアンチュウ
ロングゥオフウ
私は栄国府に行きたい

我想去天宁寺凌霄塔

[見せる中国語]
wǒ xiǎng qù tiān níng sì
líng xiāo tǎ
ウォシィアンチュウ
ティエンニィンスウリィンシャオタア
私は天寧寺凌霄塔に行きたい

我想去
唐朝古碑

[見せる中国語]
wǒ xiǎng qù táng cháo gǔ bēi
ウォシィアンチュウ
タァンチャオグウベイ
私は唐朝古碑に行きたい

我想去
开元寺

［見せる中国語］
wǒ xiǎng qù kāi yuán sì
ウォシィアンチュウ
カァイユゥエンスウ
私は開元寺に行きたい

我想去临济寺澄灵塔

[見せる中国語]
wǒ xiǎng qù lín jì sì chéng líng tǎ
ウォシィアンチュウ
リンジイスウチェンリィンタア
私は臨済寺澄霊塔に行きたい

我想去广惠寺华塔

[見せる中国語]
wǒ xiǎng qù guǎng huì sì huá tǎ
ウォシィアンチュウ
グゥアンフイスウフゥアタア
私は広恵寺華塔に行きたい

我想去长乐门

[見せる中国語]
wǒ xiǎng qù zhǎng lè mén
ウォシィアンチュウ
チャンラアメン
私は長楽門に行きたい

【MEMO】

正定
行って
みよう

CHINA
石家荘

路線バスが石家荘と正定を結んでいます
安くて便利
正定までの路線バスに乗ってみましょう

石家荘から正定へのアクセス

石家荘から正定へのアクセスになります。解放広場からは路線バス131路で終点の「正定小商品市場」、石家荘駅からは路線バス148路で同じく「正定小商品市場」で降りましょう。正定西側を走る車站南大街はいくつものバスが通る石家荘〜正定を結ぶ大動脈です。乗車時間は30分ほど。すぐに着くことでしょう。また趙県方面「南焦客運站」からは177路で「大仏寺」（2元）、「石家荘北駅（北站）」からは164路で終点の「大仏寺」（2元）と直通で行くこともできます。

Shijiazhuang｜正定行ってみよう

[DATA] 路線バス131路

・朝5時半〜夜22時

・2元

・【解放広場】〜紀念碑〜南三条〜平安中山路口〜北国商城〜省四院〜建和橋北〜棉五〜東貨場〜運河橋客運站〜棉六〜二六〇医院〜胸科医院〜柳辛荘（新興皮膚病医院）〜西古城〜華北鞋城〜高級技校（金柳林学校）〜市武警支隊〜柳林舗科技園〜大正駕校〜滹沱河南岸〜滹沱河北岸〜正洋汽貿公司（瑞達仮日酒店）〜江南新城〜外事学院〜正定汽車站〜恒山路西口〜金河家具基地〜【正定小商品市場】

石家荘

[DATA] 路線バス 148 路

・朝 6 時〜夜 21 時

・2 元

・【火車站（東広場）】〜東三教新村〜普安路西口〜彭村〜元村〜新範村〜東風路小学〜平安槐中路口〜南八一〜平安公園〜平安四中路口〜平安中山路口〜平安園明路口〜平安和平路口〜棉五小区〜建和橋北〜棉五〜東貨場〜運河橋客運站〜棉六〜二六〇医院（長江心理医院）〜胸科医院〜柳辛荘（新興皮膚病医院）〜西古城〜華北鞋城〜金柳林学校〜市武警支隊〜柳林舗花卉市場〜大正駕校〜滹沱河南岸（河心島）〜滹沱

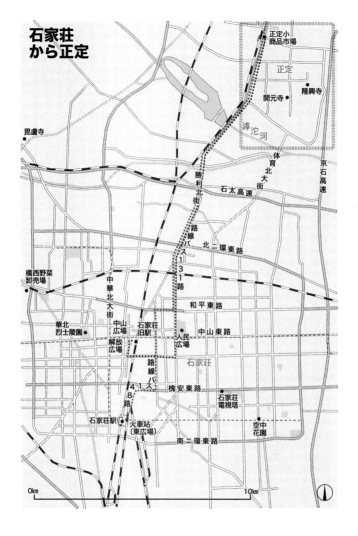

石家荘

河北岸～正洋汽貿公司(瑞達仮日酒店)～江南新城～常山路西口～正定汽車站～恒山路西口～金河家居基地～【正定小商品市場】～～～～～正定国際物流園

正定内のアクセス

「正定小商品市場」から正定中心部までは3000mほど離れています。そのため、路線バスを乗り換えましょう。路線バス135路で、「正定小商品市場」から乗って「正定県政府」もしくは終点の「大仏寺」下車です。ちなみに「正定県政府」まで着いたら、あとはすべて歩いてでもまわれるのが正定で

▲左　西安の小雁塔を思わせる開元寺の塼塔。　▲右　臨済義玄は正定で臨済宗の布教にあたった

す。ぎゅぎゅっと見どころがつまっている感じです。また「正定県政府」を基点に南北に走る燕趙大街が正定南北の大動脈で、一番南の「正定南門」から「正定県政府」を路線バス136路が結んでいますので、憶えておいても損はなさそうです。

[DATA] 路線バス135路

・朝6時半〜夜20時

・1元

・正定国際物流園〜〜〜〜〜【正定小商品市場】〜現代城〜

CHINA
石家荘

科技工程学院〜正定中学〜恒府広場〜梅山市場西口〜正定県郵政局〜【正定県政府】〜常山公園〜256 医院〜乒乓球基地〜隆興家園〜【大仏寺】

・大仏寺から正定小商品市場へ向かうルートは、天寧寺前を通って常山公園で合流する

[DATA] 路線バス 136 路

・朝 6 時半〜夜 20 時

・1 元

・【正定南城門】〜【広恵寺】〜【臨済寺】〜【開元寺（解

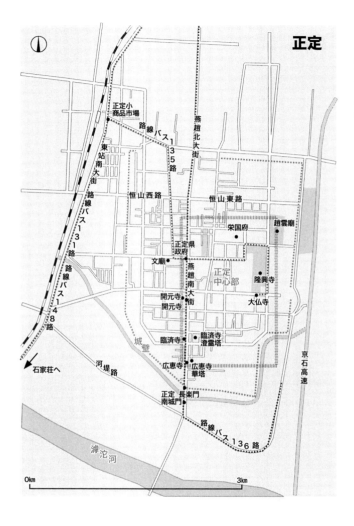

放街小学)】〜常山影院〜【正定県政府】〜〜〜〜〜牛家荘

正定、全部まわっちゃおう

正定、可能なら見どころすべてまわってしまいましょう。先ほども記しましたが、大体の観光地がぎゅぎゅっと集まっているため、歩いてでもまわれます。そして、それぞれに結構楽しめます。ちなみに三国志の英雄趙雲子龍は正定出身と伝えられ、その廟も位置します。一応、時間のない人のために正定ベスト5も記しておきたいと思います。

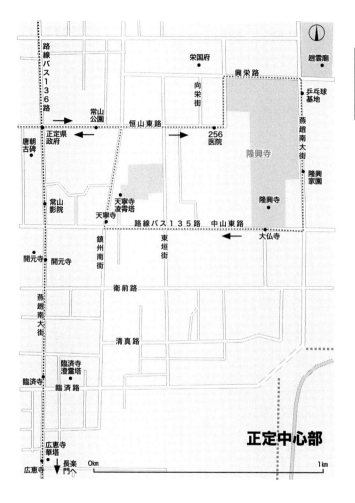

正定行ってみよう

CHINA
石家荘

正定ベスト5

1，隆興寺

2，開元寺

3，広恵寺華塔

4，臨済寺澄霊塔

5，趙雲廟

おまけ，栄国府界隈の街並み

正定行ってみよう

[DATA] **隆興寺** 隆兴寺 lóng xìng sì ロォンシィンスウ

・50元

・5〜10月は朝8時〜17時半（11〜4月は朝8時半〜17時）

[DATA] **趙雲廟** 赵云庙 zhào yún miào チャオユゥンミャオ

・20元

・5〜10月は朝8時〜17時半（11〜4月は朝8時半〜17時）

[DATA] **栄国府** 荣国府 róng guó fǔ ロングゥオフウ

・30元

CHINA
石家荘

▲左　清の乾隆帝が好んだという広恵寺華塔。　▲右　天寧寺凌霄塔は実は木造の構造なのだという

[DATA] **天寧寺凌霄塔** 天宁寺凌霄塔 tiān níng sì líng xiāo tǎ ティエンニィンスウリィンシャオタア

・15元

・5～10月は朝8時～17時半（11～4月は朝8時半～17時）

[DATA] **唐朝古碑** 唐朝古碑 táng cháo gǔ bēi タァンチャオグウベイ

・無料

・のざらし

【MEMO】

石家荘

［DATA］開元寺 开元寺 kāi yuán sì カァイユゥエンスウ

・20元

・5〜10月は朝8時〜17時半(11〜4月は朝8時半〜17時)

［DATA］臨済寺澄霊塔 临济寺澄灵塔
lín jì sì chéng líng tǎ リンジイスウチェンリィンタア

・無料

・5〜10月は朝8時〜17時半(11〜4月は朝8時半〜17時)

［DATA］**広恵寺華塔** 广惠寺华塔
guǎng huì sì huá tǎ グゥアンフイスウフゥアタア

・15 元

・5 〜 10 月は朝 8 時〜 17 時半（11 〜 4 月は朝 8 時半〜 17 時）

［DATA］**長楽門** 长乐门 **zhǎng lè mén チャンラアメン**

・15 元

・5 〜 10 月は朝 8 時〜 17 時半（11 〜 4 月は朝 8 時半〜 17 時）

・広恵寺華塔のすぐ南側。徒歩で 350m、5 分

石家荘

告白するとタクシー使いました

正定を旅したときのことです。石家荘方面から路線バス131路に乗って、「正定小商品市場」に着いたら、客引きのリキシャ（三輪タクシー）がいました。「正定観光しないか？」と声をかけられたので、まわりたい場所などを交渉してみました。そして、このドライバーはとても親切なことに、まとめて100元というやりかたではなく、ひと乗り5元。遠いところなら10元というやりかたで乗せてくれたのです。おかげで、正定観光がとても楽しいものとなりました。栄国府などは直接、正定とは関係ない観光地（テレビドラマ用のセット）で

正定行ってみよう
Shijiazhuang

すが、ドライバーの紹介で行ってみました。旅先で出合った人の親切さ、これが街の印象を随分と左右しますよね。

我想去
石家庄
南焦汽车站

[見せる中国語]
wǒ xiǎng qù
shí jiā zhuāng nán jiāo qì chē zhàn
ウォシィアンチュウシイジィアチュゥアン
ナンジィアオチイチャアヂャン
私は石家荘南焦汽車站
に行きたい

我想去
赵州桥

[見せる中国語]
wǒ xiǎng qù zhào zhōu qiáo
ウォシィアンチュウチャオチョウチャオ
私は趙州橋に行きたい

趙州行ってみよう

CHINA
石家荘

石家荘のもうひとつのハイライトが趙州橋
こちらはなかなか骨の折れる
旅路となります

趙州橋は世界遺産級

続いて石家荘南東郊外の趙県に行ってみましょう。ここには趙州橋というそれは見事な石橋が残っています。「趙州橋を見るために石家荘に来た」という人だっていることでしょう。なにせ隋代の605年ごろにかけられ、アーチの37.02mという長さは、730年間世界一、中国では1959年に黄虎大橋（湖南省）が完成するまで1300年あまり最長だったというのです。いかにこの趙州橋が丈夫で見事な橋かを伝えるエピソードですよね。

Shijiazhuang 趙州行ってみよう

趙州橋へは石家荘南焦汽車站から

石家荘にはいくつかバスターミナルがありますが、趙県方面へは「石家荘南焦汽車站」からバスが出ています。解放広場から路線バス35路に乗って、終点の「南焦客運站」まで行ってみましょう。石家荘南焦汽車站から40kmほど離れた趙県までは1時間ちょっとの距離で10元。ちなみに乗ったバスは趙県よりもさらに南東に行くバスで、その途上で降ろしてもらいましたので、「趙州橋へ行きたい」と告げれば、どのバスに乗るべきかを教えてもらえるでしょう。趙県行きのバスそのものは決して多くはないけど、石家荘と石家荘南東

CHINA
石家荘

方面を結ぶバスはそこまで少なくないという印象を受けました。

[DATA] 路線バス35路
・朝6時〜22時半
・1元
・【解放広場】〜棉七小区〜平安公園〜省国資委〜河北大戯院〜河北報社〜科技大厦〜老年病医院〜石門公園〜槐底〜電力小区〜燕港怡園〜富強公園〜塔塚〜塔塚東〜【南焦客運站】

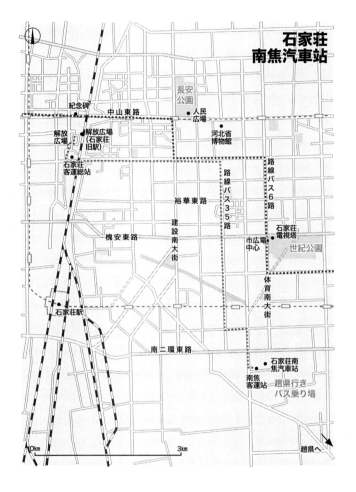

CHINA
石家荘

[DATA] 石家荘南焦汽車站

・趙県(方面)行きのバスが出る
・177路で正定まで直接行ける

趙県から結構遠い

ところで趙州橋へは多くの旅人が訪れているものの、この趙州橋へのアクセスがあまりよくありません。というのは、趙州橋は趙県の中心部から少し離れているのです。安済大道でバスを降ろされ、「あっち」と指差された南方向へ1300mほど、徒歩だと17分の距離です。安済大道から趙州橋への道

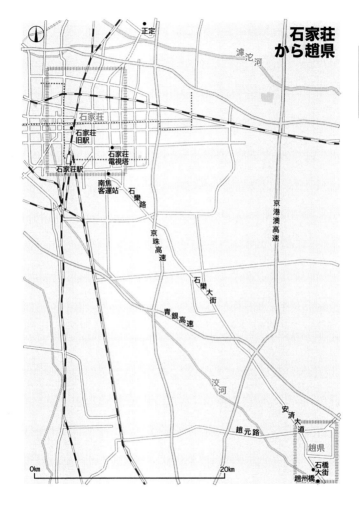

CHINA
石家荘

はその名も石橋大街と言いますが、残念ながら路線バスは走っていませんでした(調査時点)。そのため、ヒッチハイクをしました。ヒッチハイクがこのあたりでは一般的なのかどうか知りませんが、値段交渉もせずに乗り、着いてから10元支払いました(相手がどんな人かはわかりませんので、万一のことを考えて、旅なれしているかた以外は歩いたほうが賢明です)。やっと趙州橋へ着いたのです。ちなみに帰りは徒歩で歩きましたが、安済大道まで遠いけど歩けなくはない距離です。なお「趙県客運站」から趙州橋までは結構な距離(徒歩4000m、50分)ですので、タクシーを利用するの

▲左　虹のようなアーチを描く趙州橋。　▲右　どこまでも続く石橋大街

をおすすめします。

[DATA] **趙州橋** 赵州桥 zhào zhōu qiáo チャオチョウチャオ
・40元

乗用車がほとんど走っていない

趙県は趙州橋とはまた別の意味で、見応えのある街でした。というのは、このあたりは華北平原の農村地帯にあり、人びとの多くが農業を生活の糧としているようでした。そして石橋大街には自動車が多く走っているのに、乗用車はほとんど

CHINA
石家荘

走っていないのです。どういうこと？？　走っている自動車のほとんどが荷台つきで、うしろに農作業の道具や荷物を積んでバリバリバリと走っているのです。これは石家荘や正定では見られない光景でした。趙県に来てみて、はじめて普段目にしている自動車＝後部座席も人が乗るための乗用車と思い込んでいたのだ、と感じたのです。こうした状況は今後変わっていくのでしょうか？

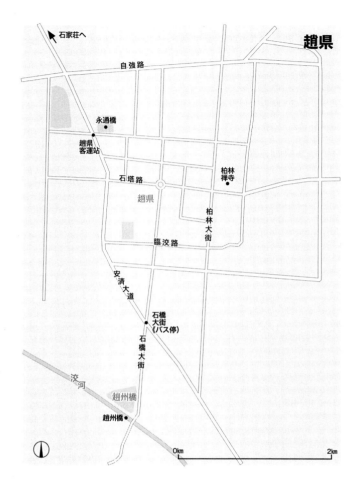

趙県

Shijiazhuang

趙州行ってみよう

CHINA
石家荘

安済大道から石家荘へ

趙県からの帰りは、安済大道からです。安済大道と石橋大街が交わる交差点は、バス停になっていますので、バスがやってきては停車します。そして、向かう先は石家荘。帰りは行きよりもスムーズで、1時間ちょっとで石家荘へ戻ってくることができました。正定と趙県どちらを先に行くか迷った場合は、必ず趙県から行くようにしましょう。正定は石家荘に近いし、市街部用路線バスが走っているからです。一方、趙県と石家荘とのあいだを走る路線バスは中長距離バスのような感じで、991路というような番号はなく、運転席のところ

趙州行ってみよう
Shijiazhuang

に「趙県(行き)」といった看板がかかげられている感じでした。もしも「趙県客運站」に下車したなら、趙州橋まではかなり遠くなりますので、あらかじめ「趙州橋に行きたい」という旨をドライバーなどに告げておくといいでしょう。

[見せる中国語] 華北の街

北京 běi jīng
ベイジン

天津 tiān jīn
ティエンジィン

太原 tài yuán
タイユゥエン

郑州 zhèng zhōu
チェンチョウ

济南 jǐ nán
ジイナン

保定 bǎo dìng
バオディン

石家荘
見て食べ
たもの

夜の屋台、人びとのにぎわい
北京にもっとも近い省都は
遅くまで盛りあがっていました

夜の大経街はすごい

石家荘駅近くに宿をとり、夜の石家荘へ繰り出してみました。そして、すぐに目にとまったのが、駅近くの大経街です。中山東路からすぐ南側に入ったところには、ずらりと屋台がならんでいます。そして、夜になると、バイクと小トラックが合体したような乗りものがやってきて、さらに即席屋台が形成されていたのでした。机と椅子が路上（歩行路上）にならべられ、ワイワイガヤガヤと中国人が鍋をつつきながら、お酒を飲んでいます。そんな光景を目のあたりにして、突撃。石家荘の夜を充分楽しめました。この大経街には金漢斯など

CHINA
石家荘

の人気料理チェーン店もありますので、食べものに迷ったら行ってみたいおすすめエリアのひとつとなっています。

上海までかっ飛ばす車だってある

ところで、解放広場近くに、石家荘客運総站(バスターミナル)があり、石家荘と各都市を結ぶバスが往来しています。そんななかでも、緊急用として、なんと石家荘と上海を結ぶ路線タクシーも存在したのです。上海行きのタクシーは4人乗りで、4人が集まった時点で上海に向かって出発します。上海まで超かっ飛ばす模様でした。ちなみに30分ほどその光景

石家荘見て食べたもの | Shijiazhuang

を見ていたのですが、上海行きのタクシーは30分もたたないうちに、出発（4人が集まった）しておりました。上海までタクシーで？？　と思った驚きの光景だったのです。

さあ北京へ帰ろう

石家荘観光が終わったら、石家荘駅から北京へ戻りましょう（もしくは次なる街を目指しましょう）。「解放広場」から319路か339路で「火車站西」。もしくは「平安中山路口」から148路で「火車站（東広場）」でひとまず石家荘駅へ向かいましょう。石家荘と北京を結ぶ鉄道は頻繁にあるので、

CHINA
石家荘

そんなには困りません。とくに高鉄(中国版新幹線)に乗ると所要1時間半程度で北京に着いちゃいます。ということは石家荘までなら、北京から日帰りで旅行ができるということですね。けれども、この『Tabisuru CHINA 002 自力で石家荘』に記した通り、石家荘の見どころは郊外にありますので、できれば観光に2日見ておきたいところです。それでは、鉄道と路線バスでゆく石家荘と古都正定の旅をお楽しみください。

【MEMO】

石家荘

あとがき

　石家荘発上海行きの「4人乗り路線タクシー」は何時間で石家荘と上海を結ぶのでしょうか？　石家荘から上海までは直線距離にして 1000 km 離れていますので、大阪から札幌ぐらいの距離です。夕方出発したタクシーは、翌日には上海に着くのでしょうか？　4人の乗車客はタクシーに揺られながら眠り、翌日、上海で仕事をするのでしょうか？

　今から 15 年以上前の話になりますが、似たようなことをヨルダンで経験したことがあります。レバノンのベイルート

Shijiazhuang

あとがき

に入り、そこからシリア、ヨルダン、イスラエル・パレスチナ、再び、ヨルダン、そして紅海を船で渡ってエジプトへ。中東の国々では鉄道よりも中長距離をバスで移動するのが一般的です。そのため、バスを乗り継ぎながら旅をし、ラマダン中のカイロで毎晩、町内会のふるまう料理をご馳走になったものでした。

　エジプトから地中海を越えて船でトルコに向かうつもりが、あいにく時間も、お金もないということに気がつきました。そこで仕方なく、来た道をバスとタクシーを乗り継いで戻って、トルコへ向かうことに・・・。結局、エジプトから

CHINA
石家荘

　ヨルダン、シリアと経由して車に乗り続けて2日でトルコに入ることができました。そのなかで、紅海に面したヨルダンのアカバからアンマンまで、夜を徹して走り続ける路線タクシーを利用したのです。

　タクシーに揺られながら眠り、夜が明けてアンマン。前日の夜、アカバでは5ディナールと約束したのだけれど、朝着いたアンマンでは7ディナールと請求されてしまいます。「いや5ディナールだろ？」と言うと「6ディナール」と先方。「いや5ディナールと約束しただろ」と言うと「約束したのは俺か？」と先方。結局、「5ディナール」で落ち着きましたが、

Shijiazhuang　あとがき

　夜を通して、長距離移動のタクシーにたずさわる組織や人たち。人びとが移動する限り、それを支えるインフラがあるということなのでしょうか。
　実は石家荘から次なる目的地の保定まで、乗り合いのタクシーかバスで行こうと思っていました。そのため、石家荘客運総站の路線タクシー乗り場にいたものの、石家荘から125kmの保定へ路線タクシーで向かう人は一向に現れません。30分のあいだひとりも現れませんでした。それを横目に石家荘から1000km離れた上海へ向かう人は次々と現れます。そんな様子を30分ばかり見て、鉄道で保定に行くことに・・・。

CHINA
石家荘

石家荘駅から鉄道で2時間。保定に着いたときはすっかり夜遅くなっていました。

2015年7月28日　たきざわ旅人

Shijiazhuang あとがき

参考資料

石家庄旅游网（中国語）http://www.sjztour.com.cn/
石家庄公交在线（中国語）http://www.sjzbus.com.cn/
隆兴寺官方网站（中国語）http://www.longxingsi.net.cn/
赵县政府网（中国語）http://www.zhaoxian.gov.cn/
正定县政府网站（中国語）http://www.zd.cn/
[PDF]石家荘STAY（ホテル＆レストラン情報）http://machigotopub.com/pdf/shijiazhuangstay.pdf

まちごとパブリッシングの旅行ガイド

Machigoto INDIA , Machigoto ASIA , Machigoto CHINA

【北インド - まちごとインド】

001 はじめての北インド
002 はじめてのデリー
003 オールド・デリー
004 ニュー・デリー
005 南デリー
012 アーグラ
013 ファテープル・シークリー
014 バラナシ
015 サールナート
022 カージュラホ
032 アムリトサル

【西インド - まちごとインド】

001 はじめてのラジャスタン
002 ジャイプル
003 ジョードプル
004 ジャイサルメール
005 ウダイプル
006 アジメール(プシュカル)
007 ビカネール
008 シェカワティ
011 はじめてのマハラシュトラ
012 ムンバイ
013 プネー
014 アウランガバード
015 エローラ
016 アジャンタ
021 はじめてのグジャラート
022 アーメダバード
023 ヴァドダラー(チャンパネール)
024 ブジ(カッチ地方)

【東インド - まちごとインド】

002 コルカタ
012 ブッダガヤ

【南インド - まちごとインド】

001 はじめてのタミルナードゥ
002 チェンナイ
003 カーンチプラム
004 マハーバリプラム
005 タンジャヴール
006 クンバコナムとカーヴェリー・デルタ
007 ティルチラパッリ
008 マドゥライ
009 ラーメシュワラム
010 カニャークマリ
021 はじめてのケーララ
022 ティルヴァナンタプラム
023 バックウォーター(コッラム〜アラップーザ)
024 コーチ(コーチン)
025 トリシュール

【ネパール - まちごとアジア】

001 はじめてのカトマンズ
002 カトマンズ
003 スワヤンブナート

004 パタン
005 バクタプル
006 ポカラ
007 ルンビニ
008 チトワン国立公園

【バングラデシュ - まちごとアジア】

001 はじめてのバングラデシュ
002 ダッカ
003 バゲルハット（クルナ）
004 シュンドルボン
005 プティア
006 モハスタン（ボグラ）
007 パハルプール

【パキスタン - まちごとアジア】

002 フンザ
003 ギルギット（KKH）
004 ラホール
005 ハラッパ
006 ムルタン

【イラン - まちごとアジア】

001 はじめてのイラン
002 テヘラン
003 イスファハン
004 シーラーズ
005 ペルセポリス
006 パサルガダエ（ナグシェ・ロスタム）
007 ヤズド
008 チョガ・ザンビル（アフヴァーズ）
009 タブリーズ

010 アルダビール

【北京 - まちごとチャイナ】

001 はじめての北京
002 故宮（天安門広場）
003 胡同と旧皇城
004 天壇と旧崇文区
005 瑠璃廠と旧宣武区
006 王府井と市街東部
007 北京動物園と市街西部
008 頤和園と西山
009 盧溝橋と周口店
010 万里の長城と明十三陵

【天津 - まちごとチャイナ】

001 はじめての天津
002 天津市街
003 浜海新区と市街南部
004 薊県と清東陵

【上海 - まちごとチャイナ】

001 はじめての上海
002 浦東新区
003 外灘と南京東路
004 淮海路と市街西部
005 虹口と市街北部
006 上海郊外（龍華・七宝・松江・嘉定）
007 水郷地帯（朱家角・周荘・同里・甪直）

【河北省 - まちごとチャイナ】

001 はじめての河北省
002 石家荘
003 秦皇島
004 承徳
005 張家口
006 保定
007 邯鄲

【江蘇省 - まちごとチャイナ】

001 はじめての江蘇省
002 はじめての蘇州
003 蘇州旧城
004 蘇州郊外と開発区
005 無錫
006 揚州
007 鎮江
008 はじめての南京
009 南京旧城
010 南京紫金山と下関
011 雨花台と南京郊外・開発区
012 徐州

【浙江省 - まちごとチャイナ】

001 はじめての浙江省
002 はじめての杭州
003 西湖と山林杭州
004 杭州旧城と開発区
005 紹興
006 はじめての寧波
007 寧波旧城
008 寧波郊外と開発区
009 普陀山
010 天台山
011 温州

【福建省 - まちごとチャイナ】

001 はじめての福建省
002 はじめての福州
003 福州旧城
004 福州郊外と開発区
005 武夷山
006 泉州
007 厦門
008 客家土楼

【広東省 - まちごとチャイナ】

001 はじめての広東省
002 はじめての広州
003 広州古城
004 天河と広州郊外
005 深圳(深セン)
006 東莞
007 開平(江門)
008 韶関
009 はじめての潮汕
010 潮州
011 汕頭

【遼寧省 - まちごとチャイナ】

001 はじめての遼寧省
002 はじめての大連
003 大連市街
004 旅順
005 金州新区

006 はじめての瀋陽
007 瀋陽故宮と旧市街
008 瀋陽駅と市街地
009 北陵と瀋陽郊外
010 撫順

【重慶 - まちごとチャイナ】

001 はじめての重慶
002 重慶市街
003 三峡下り（重慶〜宜昌）
004 大足

【香港 - まちごとチャイナ】

001 はじめての香港
002 中環と香港島北岸
003 上環と香港島南岸
004 尖沙咀と九龍市街
005 九龍城と九龍郊外
006 新界
007 ランタオ島と島嶼部

【マカオ - まちごとチャイナ】

001 はじめてのマカオ
002 セナド広場とマカオ中心部
003 媽閣廟とマカオ半島南部
004 東望洋山とマカオ半島北部
005 新口岸とタイパ・コロアン

【Juo-Mujin（電子書籍のみ）】

Juo-Mujin 香港縦横無尽
Juo-Mujin 北京縦横無尽
Juo-Mujin 上海縦横無尽

【自力旅游中国 Tabisuru CHINA】

001 バスに揺られて「自力で長城」
002 バスに揺られて「自力で石家荘」
003 バスに揺られて「自力で承徳」
004 船に揺られて「自力で普陀山」
005 バスに揺られて「自力で天台山」
006 バスに揺られて「自力で秦皇島」
007 バスに揺られて「自力で張家口」
008 バスに揺られて「自力で邯鄲」
009 バスに揺られて「自力で保定」
010 バスに揺られて「自力で清東陵」
011 バスに揺られて「自力で潮州」
012 バスに揺られて「自力で汕頭」
013 バスに揺られて「自力で温州」

【車輪はつばさ】
南インドのアイラヴァテシュワラ寺院には建築本体に車輪がついていて寺院に乗った神さまが人びとの想いを運ぶと言います。

・本書はオンデマンド印刷で作成されています。
・本書の内容に関するご意見、お問い合わせは、発行元の
　まちごとパブリッシング info@machigotopub.com までお願いします。

Tabisuru CHINA 002
バスに揺られて「自力で石家荘」
〜自力旅游中国 [モノクロノートブック版]

2017年11月14日　発行

著　者	「アジア城市（まち）案内」制作委員会
発行者	赤松　耕次
発行所	まちごとパブリッシング株式会社
	〒181-0013　東京都三鷹市下連雀4-4-36
	URL http://www.machigotopub.com/
発売元	株式会社デジタルパブリッシングサービス
	〒162-0812　東京都新宿区西五軒町11-13
	清水ビル3F
印刷・製本	株式会社デジタルパブリッシングサービス
	URL http://www.d-pub.co.jp/

MP172

ISBN978-4-86143-306-1 C0326　　　　Printed in Japan
本書の無断複製複写（コピー）は、著作権法上での例外を除き、禁じられています。